Geschichten aus dem Alten Testament

für Kinder erzählt

Schöpfung, Arche Noah, Turmbau zu Babel, Abraham, Jakob und Esau, Josef, Mose, Jona

Anita Gaffron

Anita Gaffron

Autorin, Mutter von 6 Kindern, Tagesmutter, langjährige Praxiserfahrung
in der religionspädagogischen Arbeit und Referentin für religionspädagogisches Arbeiten mit Kindern

Autorin: Anita Gaffron

Layout/Fotografie/ Satz: Carmen Schöll

Umschlag: © marcoemilio / fotolia.de
© Chinnapong / fotolia.de

Verlagskontakt:

Beim Thingerstobel 16
87439 Kempten
Tel. +49 (0) 831/69716130 Fax +49 (0) 831/5237609
e-Mail: didactus@web.de http://www.didactus.com
Printed in Germany

ISBN 978-3-941567-931

halt

:ählvorlagen:

Biblischer Geschichtenzauber

Wenn Sie das erste Mal einen *Biblischen Geschichtenzauber* sehen, mögen Sie vielleicht spontan an einen Topflappen, ein Babykatzenkuschelkissen oder eine Tasche denken. Doch all dies kommt dem nicht nahe, was Sie mit diesem Geschichtenzauber erleben und erzählen können. Der *biblische Geschichtenzauber* sieht unspektakulär und unscheinbar aus, und doch hat er eine unglaubliche, eine wahrhaft bezaubernde Wirkung auf den Erzähler und auf die Zuhörer und Zuschauer.

Während Sie erzählen und den *Geschichtenzauber* drehen und wenden, werden Sie immer in staunende - ja sogar verzauberte Gesichter blicken. Mit jeder neuen „Seite" wächst die Neugierde beim Zuhörer, was als nächstes kommen wird.

Sie können den *Biblischen Geschichtenzauber* für Menschen aller Altersstufen einsetzen. So lassen sich die jeweiligen Geschichten damit sowohl im Krabbelgottesdienst als auch im Seniorennachmittag erzählen. Die Reaktionen der Menschen darauf wird auch Sie als Erzähler verzaubern und Ihnen Mut machen immer mehr Personen Geschichten zu erzählen.

Wenn Sie nun einen *Biblischen Geschichtenzauber* aus meiner Werkstatt in Händen halten, haben Sie immer ein Unikat erworben. Die Stoffe können durchaus von dem Beispiel in diesem Buch hier abweichen. Trotzdem können Sie den Erzählvorschlag auf jeden *biblischen Geschichtenzauber* der jeweiligen Geschichte anwenden.

Erzählen mit dem *Biblischen Geschichtenzauber* – Die Anwendung

Der *Biblische Geschichtenzauber* ist ganz einfach zu bedienen: Sie stecken ihre Hand in die Öffnung des *Geschichtenzaubers* und fangen bei einer äußeren Umschlagseite entsprechend des Erzählvorschlages zu erzählen an. Dann drehen Sie den *Geschichtenzauber* zur anderen Seite um. Anschließend wenden Sie mit der Hand, die bereits in der Öffnung steckt, das Innere nach außen. Dabei ziehen Sie automatisch den Stoff über die Hand und Sie erzählen die Geschichte weiter - zuerst auf der einen Seite, dann auf der anderen Seite. Nun stecken Sie Ihre Hand in die nächste Öffnung des *Geschichtenzaubers* und wenden wieder das Innere nach außen. Sie werden immer neue Stoffe vorfinden und so die Geschichte weitererzählen können. Es kann nichts schief gehen.

Denkbar ist auch, dass eine Person die Geschichte vorliest und die andere Person den *Biblischen Geschichtenzauber* dreht und wendet.

Das Schönste beim Erzählen mit dem *Biblischen Geschichtenzauber* sind die staunenden Gesichter, wenn immer neue Stoffe die Erzählung begleiten. Und davon sind Kinder mit zwei Jahren genauso fasziniert wie Erwachsene.

Geschichten aus dem Alten Testament

Das Alte Testament - welche Inhalte begegnen uns?

Wenn man sich mit dem Alten Testament beschäftigt, begegnet man ganz unterschiedlichen Details. Zum einen stößt man auf sehr langatmige und zum Teil auch langweilige Aufzählungen, welche Söhne und Enkelkinder unterschiedliche Personen der Bibel hatten, wie alt sie wurden und wo sie lebten.

Auf der anderen Seite gibt es unglaublich spannende Erzählungen über ganz unterschiedliche und besondere Menschen, wie zum Beispiel Mose oder Abraham. Fesselnd und interessant wird vom Leben und Wirken dieser Menschen erzählt.

Gehen wir weiter, lesen wir von für unseren Kulturkreis befremdlichen Sitten und Bräuchen, wie der Opferung von Tieren oder von der Beschneidung der Jungen. Andererseits ist auch von Gesetzen zu lesen, die heute noch für unseren Lebensbereich von hoher Bedeutung sind, und die wir zum Teil noch in unseren Gesetzen finden. So war und ist Stehlen und Töten ein Gesetzesbruch, etwas, das wir schon bei den 10 Geboten im Alten Testament nachlesen können und welche heute ebenso im Strafgesetzbuch zu finden sind.

Schwierig wird es ganz besonders, wenn wir zum einen von der bedingungslosen Liebe Gottes lesen und andererseits die Grausamkeiten, die Gott den Menschen antat, erfahren müssen. In der Geschichte von Mose lesen wir von einem Gott, der sein geliebtes Volk Israel durch alle Schwierigkeiten aus dem Land Ägypten führt und auf der anderen Seite ist Gott deswegen bereit, alle erstgeborenen Jungen der ägyptischen Familien zu töten, nur damit dieser Plan gelingt. Ähnlich verhält es sich bei der Noah-Geschichte. Noah und seine Familie und alle Tiere können durch Gottes Schutz und Hilfe die Sintflut überleben, und auf der anderen Seite müssen alle anderen Tiere und Menschen grausam sterben, weil sie nicht nach Gottes Willen lebten. Dies sind nur zwei Beispiele in einer langen Reihe, in der Gott auch seine dunkle Seite zeigt.

Das Alte Testament – geeignete Geschichtengrundlage für Kinder?

Wenn ich nun von mir selbst weggehe und den Kindern Geschichten aus dem Alten Testament erzählen möchte, stoße ich sehr schnell auf die Frage, welche Dinge ich den Kindern davon erzählen kann und will. Was ist sinnvoll und wo manipuliere ich die Geschichten so sehr, dass sie mit der ursprünglichen Erzählung nichts mehr zu tun haben?

Es ist sicherlich so, dass es weder sinnvoll noch möglich ist, den Kindern alle Details des Alten Testamentes zu erzählen. Die Aufzählungen von Namen und Verwandtschaftsgraden, vom Alter und Wohnort, wird ein Kind schnell langweilig finden. Anstatt es mit Geschichten aus der Bibel zu begeistern, wird es sich nur desinteressiert davon abwenden. Ich denke, dies ist etwas, das wir getrost auf ein Minimum reduzieren können.

Ähnlich geht es mir da mit Dingen, die uns in unserem Kulturkreis sehr fremd sind. Hier ist das Alter der Kinder allerdings durchaus zu berücksichtigen. So kann man Kindern ab 10 Jahren einige Dinge erklären und ihnen auch von anderen Bräuchen zu anderen Zeiten und in anderen Ländern erzählen. Das rituelle Schlachten von Tieren aber ist zum Beispiel etwas, das ich den kleineren Kindern nicht

zumuten muss. Der Gedanke, den Kindern die Achtung vor dem Leben eines Lebewesens zu vermitteln, ist für mich in jedem Fall wichtiger. Ebenso ist es für unsere jüngeren Kinder befremdlich, das Ritual der Beschneidung als selbstverständlichen Eingriff in den Körper des Menschen zu erfahren. Gerade am Beginn der Begegnung mit den biblischen Geschichten sollten außerdem die Erzählungen von Gott (bzw. Jesus) im Vordergrund stehen und keine medizinischen oder kulturspezifischen Details. Dies kann zu einem späteren Zeitpunkt allerdings für die älteren Kinder durchaus interessant und wichtig sein. Es ist gut, über den Tellerrand hinauszublicken und die eigenen Standards und Verhaltensweisen nicht als selbstverständlich zu betrachten. Allerdings ist es wirklich wichtig, die Kinder dabei nicht mit zu vielen Informationen zu überfordern.
Damit sind wir auch am schwierigsten Teil angelangt. Will, kann und muss ich Kindern grausame Details aus der Bibel erzählen? Ist dies gut und sinnvoll? Wie manipulativ bin ich, wenn ich den Kindern diese Grausamkeiten nicht erzähle, obwohl sie doch in der Bibel zu finden sind?

(Religions-)pädagogische Ansätze im Wandel der Zeit

Wenn wir die religiöse Erziehung in den letzten Jahrhunderten betrachten, so ist zu beobachten, dass den Kindern noch vor 100 Jahren diese grausamen Details nicht erspart blieben. Ganz im Gegenteil. Gott wurde gezielt eingesetzt, um Ängste zu schüren. Kinder vor drei oder vier Generationen wuchsen wie selbstverständlich mit solchen oder ähnlichen Sätzen auf: „Wenn Du nicht brav bist, wird Dich der Himmelvater strafen.“ „Jetzt donnert es – Gott im Himmel schimpft mit uns!“ Gehorsam, Strafe und Schuld waren wichtige Schlüsselworte in der Erziehung. Gott und die Geschichten der Bibel wurden gezielt eingesetzt, um die Kinder zu „braven und gehorsamen“ Menschen zu erziehen.

Allerdings hat sich dieser Ansatz in den letzten Generationen grundlegend gewandelt – vielleicht sogar ins Gegenteil umgekehrt. Die Eltern in der heutigen Zeit wollen – wenn sie überhaupt von Gott erzählen – nicht von einem grausamen und strafenden Gott sprechen. Sie versuchen prinzipiell ihre Kinder von allen Grausamkeiten des Lebens fernzuhalten. Nichts soll das Kind heutzutage belasten. Den Kindern wird eine Käseglocke übergestülpt, im besten Glauben der Eltern, ihre Kinder so vor allem Schlimmen und Bösen zu bewahren. Doch leider ist das Leben nicht so. Die Kinder erfahren immer im Leben beide Seiten: das Gute und das Böse, das Vertrauen und die Enttäuschung, die Liebe und den Hass, das Leben und den Tod. Nichts und niemand wird die Kinder davor schützen können.

Werden die Kinder lernen mit den negativen Dingen des Lebens umzugehen, wenn wir sie dauerhaft davon abhalten?

Wenn ein Kind auf die Welt kommt, so ist es die Aufgabe der Eltern es im ersten Lebensjahr mit Liebe zu verwöhnen, seine Grundbedürfnisse zu befriedigen und eine dauerhafte Bindung zu schaffen. In dieser Phase des Lebens ist es unsere Aufgabe ihnen einen vertrauensvollen Blick auf die Welt zu ermöglichen. Wenn das Kind weiter wächst, stellt es andere Anforderungen an uns. Das beginnt in kleinen, alltäglichen Dingen. Wir werden ihm sagen müssen, dass nicht alles was es tut, gut ist. Es wird ein „Nein" zu manchen Wünschen kommen. Das Kind wird in kleinen Schritten lernen, dass es Enttäuschungen aushalten muss, dass es selbst manchmal Böses tut, und auch andere Kinder und Erwachsene ihm manchmal Böses tun. Spätestens im Kindergarten wird es Streit geben, es wird ausprobieren zu schwindeln, anderen etwas wegnehmen, andere hauen und geschlagen werden. Das Kind wird in das Leben hineinwachsen, mit all seinen Eigenheiten. Und keine Käseglocke der Welt wird es davor bewahren. Nur eines ist sicher, wenn das Kind im ersten Jahr Vertrauen in seine Eltern und seine Umwelt aufgebaut hat, wird es auch – solange es gesund ist - mit den „normalen" Widrigkeiten in seinem Leben zurechtkommen.

Genauso sollte es auch im Glauben sein. Ich denke, in den ersten Lebensjahren ist es ganz wichtig, den Kindern immer wieder von Gottes großer Liebe zu uns Menschen zu erzählen – sei es im Kindergottesdienst, in der Familie oder im Kindergarten. Hier geht es um den Aufbau von Vertrauen. Kinder müssen grundlegend erleben und erfahren, dass es einen liebenden und beschützenden Gott gibt. Er ist verlässlich – wie Vater und Mutter.

Wichtig ist zu bedenken, dass es heute nur noch in wenigen Familien üblich ist, den Kindern Geschichten von Gott zu erzählen. Wenn die Kinder dann keinen Kindergottesdienst besuchen und in einen konfessionslosen Kindergarten gehen, kommen die Kinder vielleicht erst im Grundschulalter mit „ihrem" Gott in Berührung. Deswegen gilt auch dann zuerst: Wir müssen zusammen mit den Kindern eine vertrauensvolle und stabile Beziehung zu unserem Gott schaffen. Erst wenn die Kinder ihren liebenden Gott kennengelernt haben, müssen wir auch zeigen, dass es eine dunkle Seite von Gott gibt. Eine, mit der wir schwer zurechtkommen und mit der auch wir Erwachsene unsere Schwierigkeiten haben. Diese dunkle Seite gibt es und wir dürfen sie nicht verschweigen. Es ist nur wirklich wichtig, dies erst zu tun, wenn die Kinder dafür das grundlegende Vertrauen in sich tragen.

In welchem Zusammenhang stehen dazu nun die Geschichten aus der Bibel?

Biblische Geschichten - Möglichkeit ein Gottesbild aufzubauen

Ich denke, biblische Geschichten sind eine wunderbare Möglichkeit zu erzählen, was das Leben bieten kann. Wir lernen dabei alle Lebenslagen kennen: Die Angst und das Vertrauen, die Liebe und die Verachtung, den Tod und das Leben.

Und trotzdem bleiben diese Geschichten immer noch Geschichten. Spannend erzählt, können die Kinder die Geschichten mit uns durchleben. Sie hören von den „Hauptdarstellern“, die mit ihren Mitteln und Methoden versuchten durchs Leben zu kommen. Die Menschen der Bibel machten Fehler und haben daraus gelernt. Die Kinder lernen die Menschen aus der Bibel und Gott durch die Erzählungen kennen. Und doch sind es nicht ihre eigenen Geschichten.

Ich persönlich habe keinerlei Hemmungen den Kindern zum Beispiel die Kreuzigungsgeschichte von Jesus zu erzählen. Dies waren Grausamkeiten, die Menschen Jesus antaten. Kinder kennen das aus ihrer „kleinen“ Welt. Sie wissen wie es ist, wenn sie jemand „verrät“ und bei der Erzieherin verpetzt. Jedes Kind erlebt, dass ein anderes Kind nichts mehr mit ihm zu tun haben will. Sie lernen, dass nicht jeder ehrlich zu ihnen ist. Es ist gut, den Kindern solche Dinge auch in Geschichten zu erzählen. Sie lernen, wie man damit umgehen kann, wie zum Beispiel Jesus damit umgegangen ist. Jüngere Kindern kann man durch eine geschickte Erzählweise und die entsprechende Perspektive die grausamen Details der Kreuzigung dann allerdings ersparen.

Ältere Kinder wissen dann, dass durch die Auferstehung von Jesus alles zu einem guten Ende kam. Somit kann man mehr Einzelheiten, wie die Kreuzigungsszene ausbauen. Und es ist definitiv so, dass Kinder im Vorabendprogramm mehr Grausamkeiten im Fernsehen zu sehen bekommen, als in dieser Geschichte zu hören sind. Häufig werden die Kinder zudem mit dem Fernsehprogramm ohne Erklärungen alleine gelassen. Wenn Sie Geschichten frei erzählen, haben Sie Ihre Kinder im Blick. Sie können in einer freien Erzählung spontan Dinge weglassen, wenn Sie das Gefühl haben, dass es für die Kinder zu viel wird. Und Sie sind für die Kinder da, Sie können erklären und Fragen beantworten.

Geschichten aus dem Alten Testament – für Kinder geeignet?

Die Geschichten, in denen Gott selbst grausam handelt, sind - auch für mich persönlich - schwieriger. Wie können wir den Kindern davon erzählen, ohne ihr Vertrauen in den liebenden Gott zu zerstören. Zum einen ist es wichtig, immer zu bedenken, dass die Bibel nicht für Kinder geschrieben wurde, sondern in erster Linie für Erwachsene, die sich ernsthaft mit Gott und ihrem Glauben auseinandersetzen wollen. Die Geschichten dienen dazu, Gott besser kennenzulernen. Ebenso wurde sie in einer anderen Zeit geschrieben, in der grundsätzlich ganz andere Normen und Werte galten. Deshalb ist es wichtig, die Geschichten so zu erzählen, dass sie für Kinder verständlich werden, aber auch „verkraftbar" bleiben. Dies liegt, wie oben erwähnt, nicht immer alleine am Alter. Wir müssen uns gut anschauen wie weit die Kinder in ihrem Vertrauen in Gott gekommen sind, um einschätzen zu können, welche Grausamkeiten Gottes wir ihnen zumuten können. Ich will die Kinder nicht in die oben erwähnte Käseglocke packen, aber ich will auch definitiv ihr Vertrauen in einen liebenden Gott nicht zerstören. Wir müssen uns selbst damit auseinandersetzen, wie wir mit diesen Grausamkeiten umgehen, wie sie unser Gottesbild beeinflussen und wie diese Geschichten und diese Details auch auf die Kinder wirken.

Es gibt keine Altersangabe und keine allgemeingültigen Empfehlungen für diese Frage. Allerdings ist meine ganz persönliche Ansicht und Empfehlung folgende: Verschonen wir die Kinder, wenn sie Gott kennenlernen dürfen, mit seiner grausamen Seite. Aber wir sollten sie nicht davon fernhalten, wenn sie Gott bereits gut kennen. Sonst könnte es sein, dass wir unsere Glaubwürdigkeit verlieren, wenn sie im Konfirmandenalter oder später eigenständig einen Blick in das Buch der Bibel werfen.

Seien Sie immer bereit, auf kritische Fragen der Kinder zu antworten. Setzen Sie sich damit auseinander, was sie glauben. Wenn die Kinder in der Schule erfahren, dass die Erde durch einen Urknall entstanden ist, sollten wir wissen, wie wir zur Schöpfungsgeschichte der Bibel stehen. Wir sollten Stellung nehmen können, was unser persönlicher Glaube dazu ist und dass die Schilderungen der Bibel durchaus anfechtbar sind. Für mich sind die Geschichten der Bibel Symbolgeschichten, die vielleicht genau so niemals stattgefunden haben. Aber an der Schöpfungsgeschichte zum Beispiel wird deutlich, dass es einen Gott gibt, der dies alles so gewollt hat. Der das Meer und die Wälder, die Sonne und die Tiere und auch uns Menschen so erschaffen hat, wie wir sind. Und er fand die Welt und uns gut. Das ist die Botschaft, die ich für mich persönlich mitnehme. Egal ob sie nun an sieben Tagen stattfand, oder ob die Erschaffung vor Millionen von Jahren begann und vielleicht bis heute anhält. Wer weiß das schon?

Wir Erwachsene mit christlichem Weltbild glauben daran, dass Jesus Christus für uns am Kreuz gestorben ist, um uns mit Gott zu versöhnen. Gott hat seinen Sohn in diese Welt geschickt, damit er uns zeigt, wie wir miteinander leben sollen: Freundlich, barmherzig, verzeihend und anderen Menschen mit Achtung und Liebe begegnend. Das Alte Testament beschreibt hier häufig entgegengesetzte Werte, zum Beispiel als Gott alle ägyptischen Erstgeborenen töten lässt, um dem Volk Israel den Weg in die Freiheit zu ermöglichen, oder als er die Menschen durch eine Sintflut umbringt, weil sie so böse zueinander waren, oder als Gott Sodom und Gomorrha in Schutt und Asche untergehen lässt, weil die Bewohner nicht nach seinem Willen leben. Wir müssen uns selbst damit auseinandersetzen, wie wir mit so einem Gott leben können. Wir müssen für uns klären, dass vielleicht nicht alles vergeben wird. Müssen wir auch damit leben, dass Gott manche Menschen lieber hat, weil sie zu einem bestimmten Volk gehören? Ist Gott immer gerecht? Warum können Menschen in Frieden und Wohlstand leben und andere sind ihr ganzes Leben Schmerzen, Armut oder Kriegen ausgesetzt? Können wir an so einen Gott glauben? Wollen wir dies akzeptieren, oder wenden wir uns von ihm ab, weil etwas geschieht, was wir ungerecht finden, leidvoll, grausam? Es gibt diese dunkle Seite von Gott. Es wird in der Bibel davon erzählt. Und auch in unserer heutigen Zeit, begegnen wir einem Gott, den wir nicht verstehen und dessen Handeln wir nicht nachvollziehen können. Diese Fragen sollten wir uns stellen und wir sollten es immer und immer wieder tun. Zweifel gehören zum Glauben dazu. Je ehrlicher wir hier mit den Kindern sprechen können, je offener wir sind, auch mit kritischen Themen umzugehen, je mehr Bereitschaft wir zeigen, auch die Zweifel und die Trauer der Kinder auszuhalten, umso mehr werden Kinder in ihrem Glauben wachsen können.

Deshalb: Trauen Sie sich den Kindern die Geschichten aus dem Alten Testament mit Feingefühl, Empathie und Einfühlungsvermögen zu erzählen. Überfordern Sie die Kinder nicht, aber trauen Sie ihnen im Gegenzug auch nicht zu wenig zu.

Symbole im Buch

→ Der *Biblische Geschichtenzauber* wird zur anderen Seite gedreht

⮌ Der *Biblische Geschichtenzauber* wird umgekrempelt

Hinten im Buch finden Sie eine CD-Rom. Auf dieser finden Sie einen weiteren Erzählvorschlag. Er ist vor allem für ältere Kinder, Konfirmandengruppen oder auch Erwachsene geschrieben. Sie können entscheiden, welcher Vorschlag am besten zu Ihrer Gruppe passt. Und ich wünsche mir, dass Sie vor jeder Geschichte genau überprüfen, ob der Erzählvorschlag zu Ihnen passt. Vielleicht wollen Sie ein Detail weglassen oder etwas anderes hinzufügen. Tun Sie das! Ich habe Ihnen hier zwei Vorschläge gemacht, und Sie entscheiden frei, ob Sie diese so übernehmen oder etwas verändern wollen.

Die Schöpfung

Am Anfang
war alles leer und dunkel.

Aber Gott war da.

Gott machte das Licht.
Und Gott sah, dass das Licht gut war.
Und er nannte das Licht Tag und das Dunkle Nacht.
Da wurde aus Abend und Morgen der erste Tag.

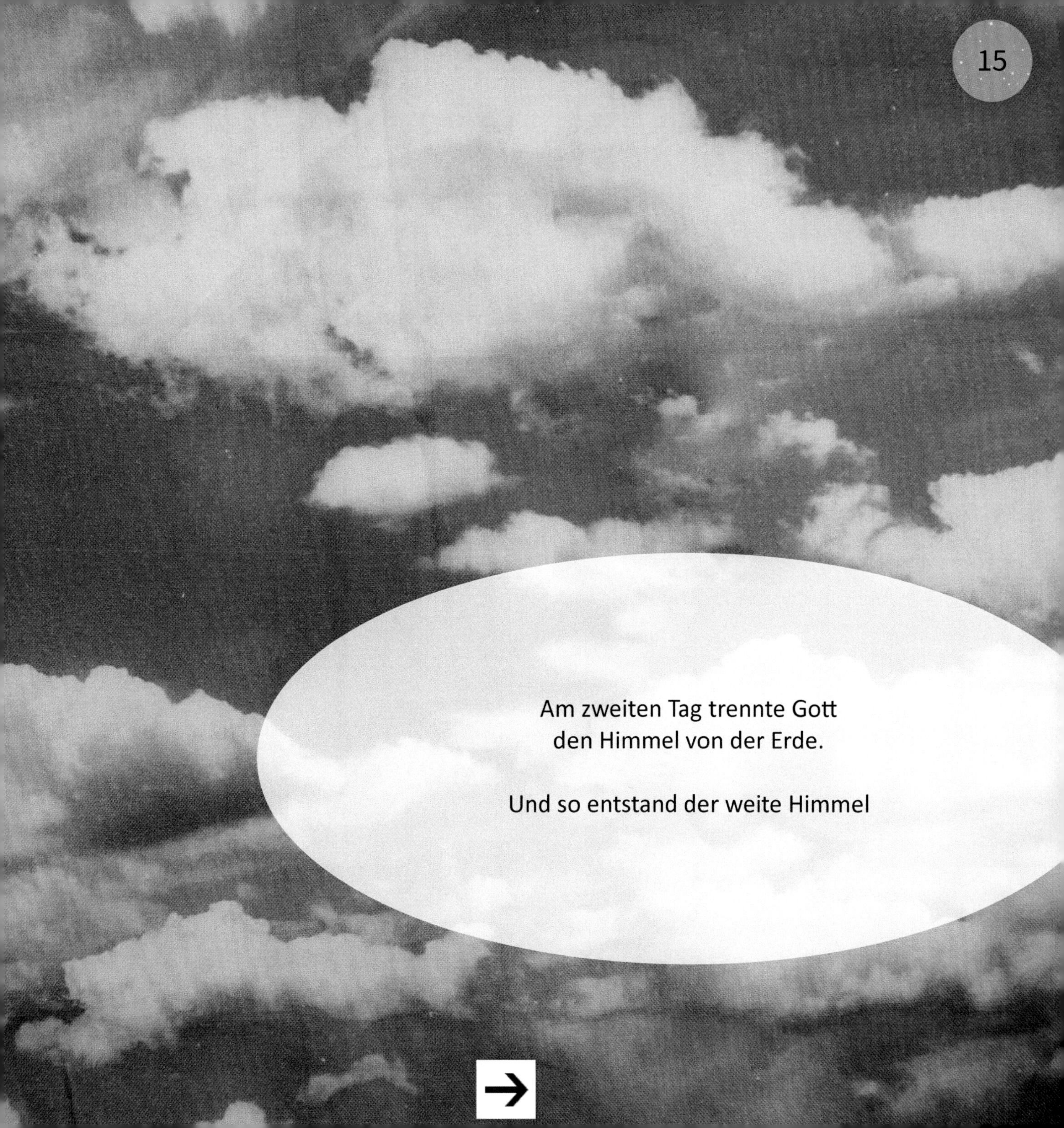

Am zweiten Tag trennte Gott
den Himmel von der Erde.

Und so entstand der weite Himmel

und die Erde.

Da wurde aus Abend und Morgen der zweite Tag.

Am dritten Tag sammelte Gott alles Wasser an einem Ort.

Das Wasser nannte Gott das Meer.

Nun konnte man das Trockene sehen.
Das Trockene nannte Gott das Land.
Und Gott sah, dass es gut war.

Gott sprach: „Auf dem Land soll frisches Gras und Bäume wachsen
und an den Bäumen sollen Früchte sein.“
Und so wuchsen Bäume und Gras und Blumen.
Und Gott sah, dass es gut war.
Da wurde aus Abend und Morgen der dritte Tag.

Am vierten Tag schuf Gott die Sonne für den Tag
und den Mond für die Nacht.
Und er gab ihnen einen Platz am Himmel.

→

So konnten sie auf die Erde scheinen.
Neben dem Mond
schmückten die Sterne den Himmel in der Nacht.

Und Gott sah, dass es gut war.
So wurde aus Abend und Morgen der vierte Tag.

Am nächsten Tag wollte Gott Tieren das Leben schenken.
Er machte die Fische und all das Leben,
das im Wasser wohnt.
Ein jeder Fisch war besonders und einzigartig.

Dann schuf Gott die Vögel.
Und Gott sah, dass sie gut waren.
Gott segnete die Tiere und sprach:
„Vermehrt Euch und werdet zahlreich
im Meer und am Himmel.“

So wurde aus Abend und Morgen der fünfte Tag.

Am fünften Tag sprach Gott:
„Auch auf dem Land sollen Tiere leben.
Jedes soll einzigartig sein.“ Und genauso geschah es.
Gott schuf Tiere, die auf dem Feld leben, Hasen und Mäuse.
Er schuf die Tiere, die auf dem Boden kriechen,
die Schlangen und die Würmer. Er schuf die wilden Zebras,
die Elefanten mit dem Rüssel und den großen Ohren
und die Giraffen mit dem langen Hals.

Und Gott sah, dass sie gut waren.

Dann wollte Gott die Menschen erschaffen.
Er sprach: „Die Menschen sollen mir ähnlich sein.
Sie sollen über die Fische, die Vögel und alle Tiere bestimmen."
Und Gott schuf Männer und Frauen.
Er schuf auch Dich und mich (Blick in den Spiegel).
Gott segnete die Menschen und wollte,
dass sie Kinder bekommen und sich über die ganze Erde ausbreiten.
Und Gott sah alles an, was er gemacht hatte,
und es war sehr gut.

Da wurde aus Abend und Morgen
der sechste Tag.

Am siebten Tag ruhte Gott.
(Geschichtenzauber
wird in den Schoß gelegt.)

Noah

Vor vielen Jahren lebte Noah
mit seiner Familie auf der Erde.
Er war ein guter Mann
und hatte Gott sehr gern.

→

Eines Tages sprach Gott zu Noah:
„Noah, bau ein großes Schiff.
Es wird viel Regen kommen
und die ganze Erde wird voll Wasser sein.
Deswegen brauchst Du ein Schiff,
eine große Arche, damit Du gut geschützt
durch diese Zeit kommst.“

Noah sah zum Himmel
und sah einen blauen Himmel mit vielen weißen Wolken.
Es sah nicht nach Regen aus.
Aber Noah wusste, dass Gott es gut mit ihm meinte
und deswegen machte er sich an die Arbeit
und baute sich ein großes Schiff
– genauso wie Gott es ihm gesagt hatte.

Als das Schiff fertig war, sagte Gott zu Noah:

„Ich möchte, dass Du Tiere mit auf Dein Schiff nimmst,
von jeder Tierart immer zwei Stück.
Immer ein Männchen und ein Weibchen.“
Und Noah holte sich die Tiere auf sein Schiff.
Zwei Krokodile, zwei Spinnen, zwei Mücken, zwei Schlangen,

zwei Nashörner,
zwei Kühe
und zwei Zebras.

Zwei Giraffen
und noch viele, viele
andere Tiere.

Als alle Tiere auf dem Schiff Platz gefunden hatten,
kam noch Noahs Familie dazu.
Dann verschloss Gott die Türe der Arche.
Es dauerte nicht lange und der große Regen kam.
Es regnete Tag und Nacht. Die ganze Erde wurde überschwemmt.
Alles war unter Wasser.
Es war kein Baum und kein Strauch
und auch kein Berg mehr zu sehen.

Doch Noahs Schiff fuhr auf dem Wasser.
Gut geschützt waren Noah,
seine Familie
und die vielen Tiere auf dem Schiff.
Es regnete eine lange Zeit.
Irgendwann wurde der Regen weniger und hörte dann ganz auf.
Das Schiff stieß eines Tages an einen Berg an
und schwamm nicht mehr weiter.
Da wusste Noah, dass das Wasser weniger wurde.

„Können wir schon aussteigen?“ fragte er sich.
Er schickte eine Taube los. Doch nach kurzer Zeit kam sie wieder.
Sie hatte noch kein Futter finden können und keinen Platz,
um sich auszruhen. Es war also noch zu früh zum aussteigen.
Eine Woche später ließ Noah die Taube nochmal fliegen.
Dieses Mal brachte sie einen grünen Zweig mit.
Die Zweige der Bäume waren schon zu sehen, aber einen Platz,
um auf der Erde zu bleiben, hatte die Taube noch nicht gefunden.
Dann ließ Noah eine Woche später die Taube wieder fliegen.
Dieses Mal kehrte sie nicht mehr zurück.
Da wusste Noah, dass es Zeit war,
die Türen seines Schiffes wieder zu öffnen.

→

Als Noah die Türe öffnete, war der Himmel wieder blau
und die Erde wieder trocken.
Alles begann zu grünen und zu blühen.
Noah war überglücklich.
Gott hatte ihn und seine Familie und die vielen Tiere beschützt.
Noah baute für Gott aus vielen Steinen
einen Altar und dankte Gott von ganzem Herzen.

Gott ließ einen Regenbogen am Himmel erscheinen.
Er sprach zu Noah.
„Dieser Regenbogen ist das Zeichen,
dass ich es immer gut mit Euch meine
und nie wieder so lange Regen auf die Erde fällt.
Denn niemals sollen enden Sonne und Regen,
Sommer und Winter, Tag und Nacht.

Wenn ihr diesen Regenbogen seht,
denkt immer daran,
wie sehr ich die Menschen liebe."

Turmbau zu Babel

Vor langer Zeit
lebten noch nicht
so viele Menschen auf der
Erde. Nur wenige.
Sie lebten zusammen
und alle sprachen
die gleiche Sprache.

Stellt Euch vor,
die schwarzen Punkte
wären die Menschen,
und sie verstehen sich
alle gut,
weil sie alle gleich sprechen.

→

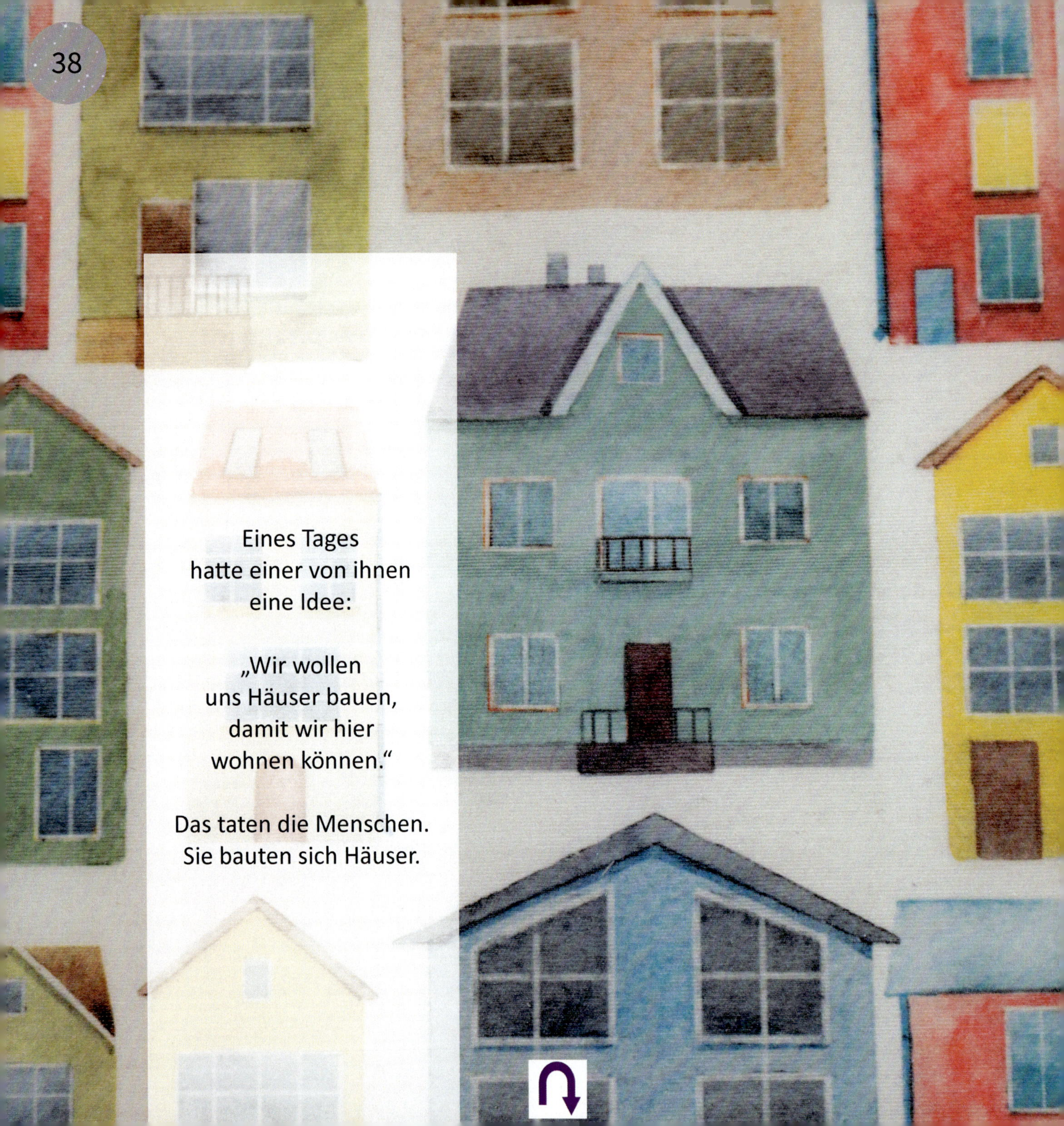

Eines Tages
hatte einer von ihnen
eine Idee:

„Wir wollen
uns Häuser bauen,
damit wir hier
wohnen können."

Das taten die Menschen.
Sie bauten sich Häuser.

Als die Häuser
fertig waren,
rief ein anderer
von ihnen:

„Wir brauchen
noch mehr Häuser.
Lasst uns
noch mehr Häuser
bauen.“

Das taten die Menschen. Sie
bauten sich
noch mehr Häuser.

Bald hatten sie
eine ganze Stadt.

Als die Stadt fertig war,
hatte wieder einer
von ihnen einen Einfall:

„Kommt,
lasst uns
eine große Mauer
um die Stadt bauen.“

Gesagt, getan,
bald war
die Mauer fertig.

Doch die Menschen
wollten immer mehr:

„Lasst uns
einen hohen Turm
bauen!"

Und so fingen sie an
einen Turm
zu bauen.

Als er schon höher war,
als alle Häuser,
rief einer
von ihnen:

„Der Turm
soll so hoch werden,
dass er mit der Spitze
an den Himmel
anstößt."

Die Menschen
waren begeistert
und bauten
ihren Turm
höher und höher.

Doch Gott gefiel die Idee der
Menschen nicht.
Er wollte nicht,
dass sie immer mehr
wollten, immer höher kamen
und sogar in den Himmel
kommen wollten.

So schickte Gott
den Menschen
unterschiedliche Sprachen.

Die Menschen verstanden
sich nicht mehr.
Plötzlich sprach jeder
in einer anderen Sprache.

Einer war dem anderen
fremd geworden.

Wollte der Eine
einen Hammer,
verstand der Andere
nicht,
was er ihm
bringen sollte.

Ein Anderer
brauchte einen Stein
und Lehm,
doch sein Nachbar
verstand nicht,
was er wollte.

Die Menschen
konnten nicht mehr
zusammenarbeiten.

Und an dem Turm
konnte nicht
weitergearbeitet werden.

So packten
viele Menschen
ihre Koffer
und zogen
von ihren Häusern weg.

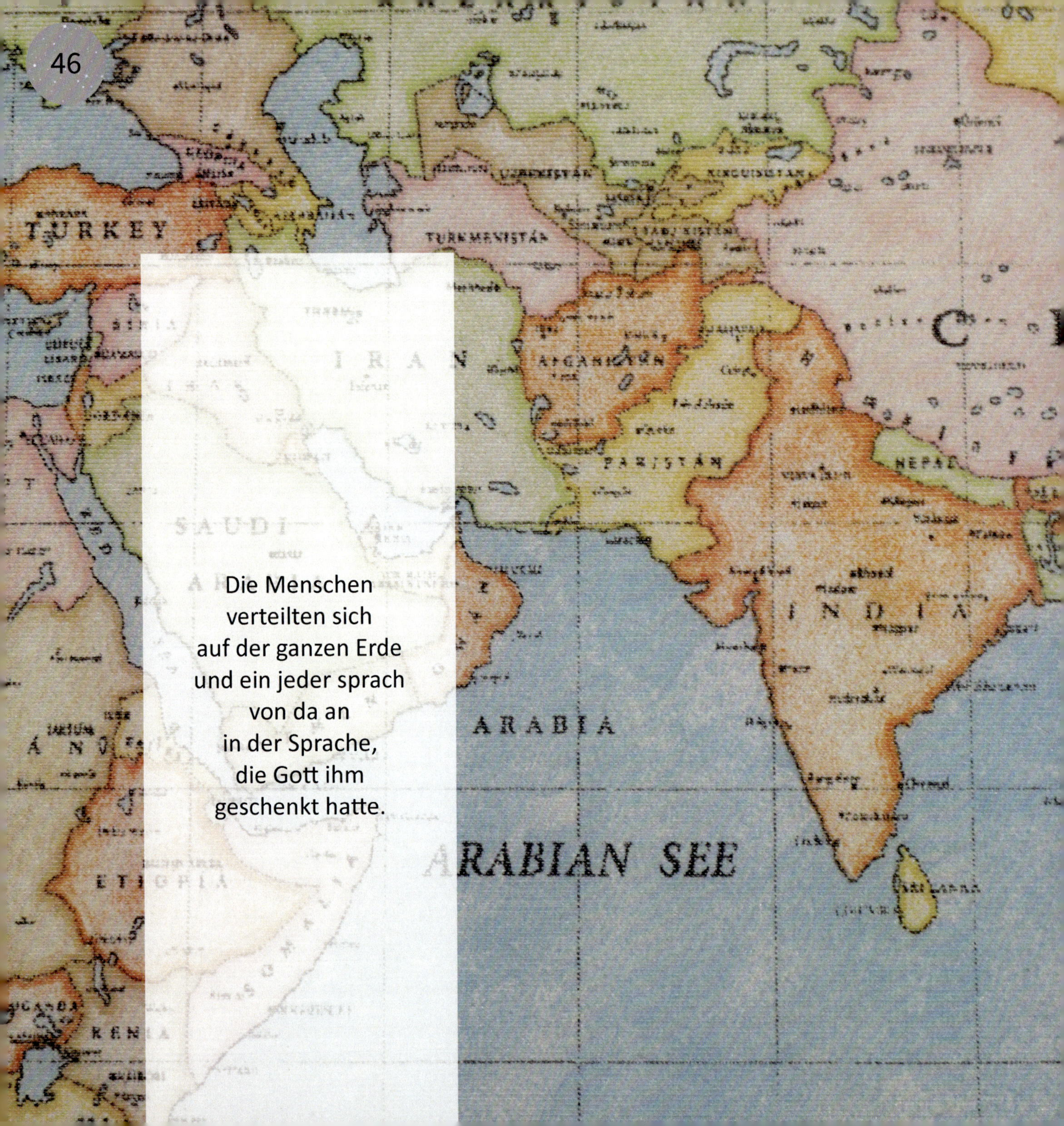

Die Menschen
verteilten sich
auf der ganzen Erde
und ein jeder sprach
von da an
in der Sprache,
die Gott ihm
geschenkt hatte.

Abraham

Abraham lebte vor langer Zeit. Er lebte in einem Zelt.
Immer wieder zogen er und seine Familie umher.
Abraham besaß viele Tiere und wenn die Wiesen abgegrast waren
und die Ziegen, Rinder und Schafe kein frisches
Futter mehr fanden, so zogen Abraham und seine Leute weiter.

→

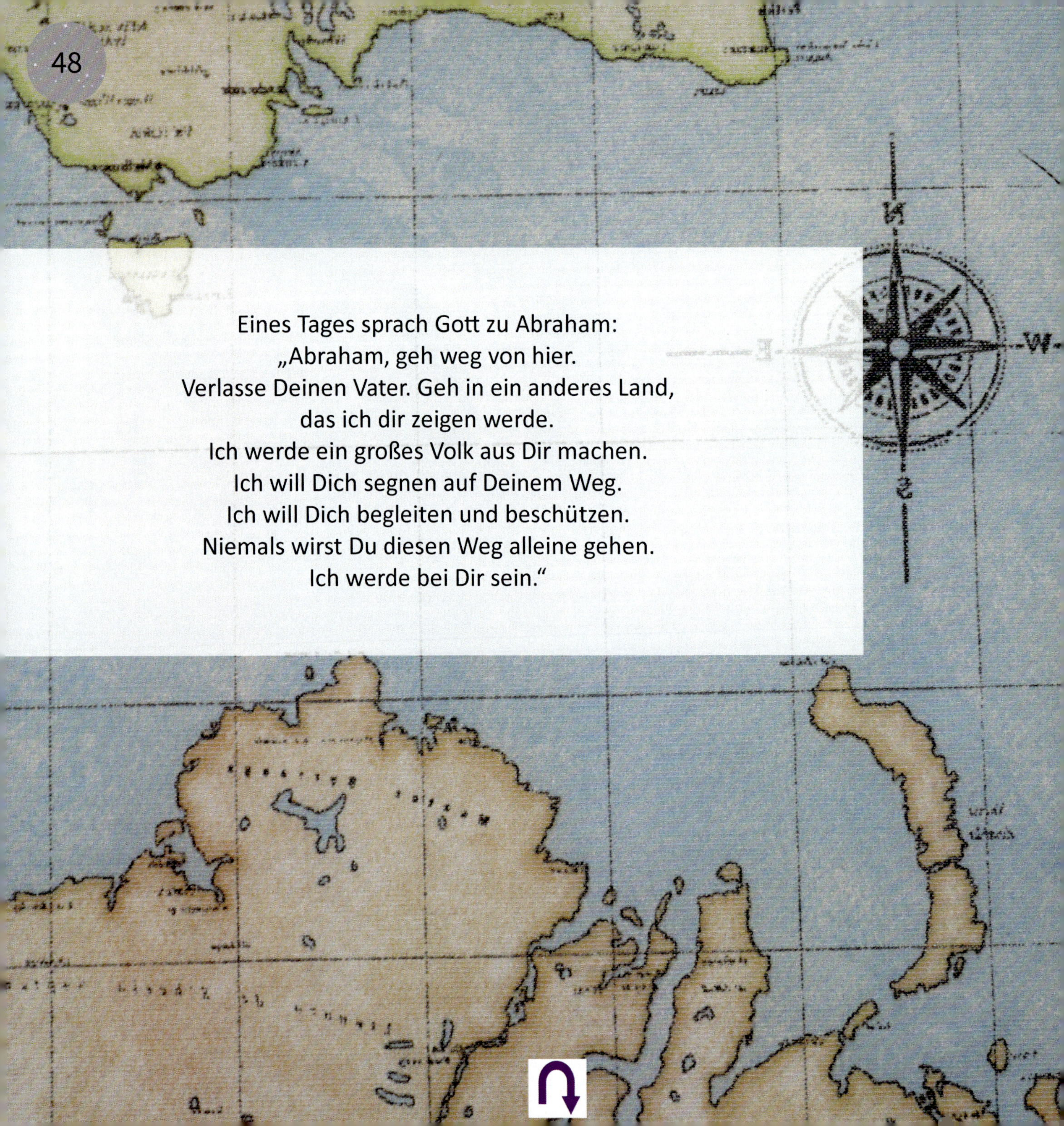

Eines Tages sprach Gott zu Abraham:
„Abraham, geh weg von hier.
Verlasse Deinen Vater. Geh in ein anderes Land,
das ich dir zeigen werde.
Ich werde ein großes Volk aus Dir machen.
Ich will Dich segnen auf Deinem Weg.
Ich will Dich begleiten und beschützen.
Niemals wirst Du diesen Weg alleine gehen.
Ich werde bei Dir sein.“

Abraham packte seine Taschen
und nahm alles mit, was ihm gehörte
und was er für die lange Reise brauchte.

Abraham nahm Abschied von seinem Vater und den Leuten
und Tieren, die er zurücklassen musste.
Sara, die Frau von Abraham kam mit auf die lange Reise
und Lot, der Sohn seines Bruders.

Und Abraham nahm die Tiere mit, die ihm gehörten,
Ziegen, Schafe und Kühe.
Und die Menschen, die sich um die Tiere kümmerten:
die Knechte und Mägde.

Viele Tage und Wochen waren Abraham
und seine Leute unterwegs.
Auch durch die Wüste führte sie der Weg.
Dort war es sehr heiß.
Die Menschen fanden kaum etwas zu essen.
Froh und dankbar waren alle,
als der lange Weg durch die Wüste endlich geschafft war.

Sie kamen an in dem Land Kanaan.
Dort hörte Abraham Gottes Stimme:
„Dieses Land will ich Dir und Deinen Kindern geben."
Abraham dankte Gott.
Eines Tages hörte Abraham einen Streit.
Seine Hirten und die Hirten von Lot beschimpften sich gegenseitig.
„Ihr nehmt unseren Tieren das ganze Wasser weg!",
riefen die einen und die anderen sagten:
„Immer sollen wir für Euch Platz machen! So geht das nicht!"
Abraham wurde nachdenklich. Vielleicht musste Abraham sich
von Lot trennen. Damit alle in Frieden leben konten.

Abraham mochte keinen Streit. Deswegen sagte er zu Lot:
„Ich denke, es ist gut, wenn wir uns trennen.
Hier gibt es nicht genug Futter und Wasser für unsere vielen Tiere.
Wohin magst Du gehen? Willst Du ins Tal mit den grünen Wiesen
gehen, oder willst Du hier in den Bergen bleiben."
Lot musste nicht lage überlegen.
Er wollte hinunter ins Tal.
Dort gab es genug Wasser und Futter für seine Tiere.

Lot und Abraham umarmten sich zum Abschied
und Lot zog ins Tal zu den grünen Wiesen.
Abraham aber blieb mit seinen Leuten und Tieren in den Bergen.
Da hörte Abraham wieder Gottes Stimme:
„Alles Land, das Du hier siehst, will ich Dir und Deinen Kindern geben.
Und ich will deine Nachkommen so zahlreich werden lassen,
wie den Staub auf der Erde – unzählig.
Darum geh und zieh durch das Land.“

Abraham dankte Gott von Herzen.

Trotzdem war Abraham traurig. Noch immer hatten er und seine Frau Sara
noch keine Kinder, obwohl sie schon alt geworden waren.
Eines Nachts hörte Abraham eine Stimme.
„Abraham! Fürchte Dich nicht. Ich will Dir Großes schenken!“
„Aber Gott,“ sprach Abraham „Was willst Du mir Großes schenken?
Unser einziger Wunsch ist ein Kind,
und das hast Du uns bis heute nicht geschenkt.“
Aber Gott sprach: „Komm heraus aus deinem Zelt. Schau zum Himmel
und zähle die Sterne. Kannst Du sie zählen?
Ich möchte Dir so viele Nachkommen schenken,
wie Du hier Sterne am Himmel siehst.“

→

Abraham vertraute auf Gott
und glaubte an seine Worte.
Und Gott freute sich
über den Glauben von Abraham.
Eines Tages saß Abraham in der Mittagssonne
unter einem Baum
vor seinem Zelt.

Als er die Augen erhob, sah er drei Männer.
Er stand auf und ging ihnen entgegen: „Mein Herr, wenn Du möchtest,
sei gerne mein Gast und geh nicht gleich weiter.“, sagte er zu einem der drei.
„Ihr könnt hier eure Füße waschen. Setzt Euch doch unter den Baum.
Ich bringe Euch Brot und Fleisch. Wenn Ihr gegessen habt,
könnt Ihr immer noch weitergehen.“ Und die Männer antworteten:
„Wenn Du es so möchtest, dann werden wir hierbleiben.“
Sara brachte den Männern zu essen und verschwand wieder hinter dem Zelt.
Abraham unterhielt sich mit den Männern.
Einer der Männer sagte plötzlich zu Abraham:
„In einem Jahr werde ich wieder zu Dir kommen.
Sara wird dann einen Sohn haben.“

Sara hörte, was die Männer sprachen und musste laut lachen.
Sie konnte nicht glauben, was die Männer sagten.
Schließlich waren sie und Abraham schon alt.
Die Männer hörten Sara hinter dem Zelt lachen und einer sprach:
„Warum lacht Sara? Warum glaubt sie nicht daran?
Bei Gott ist alles möglich. Nächstes Jahr, wenn ich wiederkomme,
dann wird Sara einen Sohn haben."
Und so standen die Männer auf und gingen weiter.
Kurze Zeit später wuchs tatsächlich ein Baby in Saras Bauch und sie und Abraham
bekamen einen Sohn. Sie gaben ihm den Namen Isaak.
Sara aber war überglücklich.
Sie sagte: „Gott hat mir ein Lachen geschenkt."

Jakob und Esau

Isaak und Rebekka hatten zwei Söhne. Es waren Zwillinge.
Der ältere von beiden hieß Esau, der jüngere Jakob.
Esau, der ältere der beiden Jungs, war ein bisschen wild.
Er hatte raue Haut und rötliche Haare. Er ging gerne mit Pfeil und Bogen zur Jagd.
Esau war der Liebling seines Vaters. Esau hatte großes Glück.
Er war der ältere der beiden Jungen und zuerst geboren.
Deswegen durfte er über seinen Bruder bestimmen. Esau hatte das Sagen über Jakob.
Wenn sein Vater einmal sterben würde, würde Esau mehr bekommen,
als sein Bruder. Dies war das Erstgeburtsrecht und Esau würde später
all diese Vorteile haben.

→

Der jüngere der beiden Brüder hieß Jakob.
Er war am liebsten zu Hause bei seiner Mutter Rebekka
und den Zelten. Rebekka und Jakob standen sich sehr nah
und hatten einander von Herzen lieb.

Eines Tages war
Jakob in der Küche und hatte ein leckeres Essen
aus roten Linsen zubereitet. Bald würde das Essen auf dem Tisch stehen.
Esau kam gerade von der Jagd und hatte einen Bärenhunger.
Außerdem war er hundemüde – eigentlich wollte er nur noch ins Bett,
aber zuvor musste er unbedingt etwas essen. Also ging Esau zu Jakob in die Küche:
„Ich bin total müde! Gib mir was von Deinem leckeren Essen. Ich will so schnell wie möglich
ins Bett." Doch Jakob sagte: „Gib Du mir dafür alle Rechte, die Du als Erstgeborener hast.
Ich will, dass Gott mit mir spricht, ich will, dass Du mir gehorchst und nicht umgekehrt
und ich möchte einmal den Hauptteil von Vaters Besitz bekommen." Esau war alles egal.
„Wenn ich jetzt nichts zu essen bekomme, muss ich sterben. Ja, ich gebe Dir alle Rechte,
die einer hat, der zuerst geboren wurde." Da gab Jakob dem Esau Brot und Linsen.
Er schlang alles in sich hinein. Dann stand er vom Tisch auf und ging.

Einige Zeit später gab es nicht mehr genug essen im Lande,
so mussten Jakob und Esau mit ihren Eltern weggehen.
Sie liefen einen langen Weg über Steine und Wiesen,
über Berge und Täler.
Als sie in einem fremden Land angekommen waren,
sagte Gott zu Vater Isaak:
„Bleibe als Fremder hier in diesem Land.
Ich will bei Euch bleiben und euch beschützen.“

Und so blieben Jakob und Esau mit ihren Eltern in diesem Land.
Gott meinte es gut mit der Familie
und deswegen hatte die Familie bald viele Tiere
und immer genug zu essen und zu trinken.

Sie bauten Getreide an und konnten das Getreide verkaufen.

Vater Isaak wurde immer älter
und bald konnte er nur noch sehr schlecht sehen.
Er war fast blind. Er rief Esau zu sich:
„Mein Sohn!“
Esau sagte: „Hier bin ich.
Jakob sagte: „Ich bin alt geworden.
Jage mir ein Tier und mach mir ein leckeres Essen.
Dann will ich Dich segnen,
weil ich Dich liebe.

→

Mutter Rebekka hörte, was der Vater zu Esau sagte.
Sie aber wollte, dass der Vater Jakob segnete.
Deswegen sagte sie: „Dein Vater will Deinen Bruder segnen.
Aber ich möchte, dass er Dich segnet.
Deswegen geh und hol eine Ziege. Ich werde ein Essen kochen,
das Du dann deinem Vater bringst.
Er wird Dich segnen, noch bevor Esau mit seinem Tier zurück kommt."
Esau hatte Angst, weil er seinen Vater nicht anlügen wollte,
aber Mutter Rebekka machte ihm Mut, alles genau so zu machen,
wie sie es vorhatte.

Jakob ging hinaus und holte eine Ziege.
Mutter Rebekka kochte ein leckeres Essen. Sie zog Jakob die Kleider von Esau an und legte ihm Ziegenfell um seine Hände und den Hals, damit sich seine Haut rau anfühlte. Jakob nahm den Teller mit dem Essen und ging zu seinem Vater Isaak. Jakob sagte: „Mein Vater“
Isaak antwortete: „Hier bin ich! Wer bist Du, mein Sohn?“
Jakob log: „Ich bin Esau, Dein erstgeborener Sohn.“ Isaak wollte es ganz sicher wissen und sagte deshalb: „Komm näher zu mir. Ich muss Dich anfassen und spüren, ob Du mein Sohn Esau bist.“ So ging Jakob zu Isaak. Isaak betastete die Hände und den Hals des Sohnes: „Deine Stimme ist Jakobs Stimme.“ Doch weil Jakobs Hände so rau wie die seines Bruders Esau waren, war er unsicher. Er fragte nochmal: „Bist Du Esau?“
Und Jakob antwortete: „Ja, ich bins.“ Da glaubte ihm Isaak und sagte: „So bring mir das Essen, dann will ich Dich von ganzem Herzen segnen. Alles Gute, das ich zu verschenken habe, will ich Dir mit auf den Weg geben.“

→

Isaak aß das leckere Essen und segnete dann seinen Sohn:
„Gott segne Dich. Er schenke Dir Gutes in Deinem Leben.
Er gebe Dir zu essen und zu trinken Dein ganzes Leben lang.
Die Menschen sollen Dir gehorchen und Dir dienen.
Du sollst der Herr über Deinen Bruder sein.
Du sollst ein Segen sein."

Jakob verließ das Zelt seines Vaters. Da kam Esau von der Jagd zurück
und kochte für seinen Vater ein leckeres Essen.
Als er es ihm brachte, sagt er zu Isaak: „Steh auf und iss das Essen!“
Da erschrak Isaak und fragte: „Wer bist Du?“
„Ich bin Esau, dein erstgeborener Sohn!“
„Aber ich habe gerade deinen Bruder gesegnet.
Das kann ich nicht zurücknehmen!“
Esau war zornig, wie noch nie in seinem Leben. Er rief:
„Irgendwann werde ich Jakob umbringen.
Das wird mir mein Bruder büßen.
Mutter Rebekka allerdings hörte dies und warnte Jakob:
„Du musst weggehen von hier. Dein Bruder ist sehr zornig auf Dich.“

Da packte Jakob alle seine Sachen zusammen
und machte sich auf den Weg in das Land,
in dem der Bruder seiner Mutter wohnte.
Dort wollte er so lange leben, bis Esau nicht mehr zornig auf ihn war.

Als er den ganzen Tag gelaufen war,
legte er sich am Abend an einem Ort zur Ruhe und schlief dort sofort ein.

Jakob hatte einen Traum:
„Auf der Erde steht eine Leiter und ihre Spitze ragt bis in den Himmel.
Die Engel Gottes gehen darauf hinauf und hinunter.

→

Gott steht oben und spricht:
„Dieses Land will ich Dir und Deinen Kindern schenken.
Ihr werdet ein großes Volk werden und Ihr sollt hier leben.
Ihr sollt gesegnet sein.
Ich bin mit Dir und will Dich behüten, wo Du hinziehst."
Als Jakob aufwachte, wusste er: „Gott ist hier!"
Jakob aber versprach Gott:
„Ich werde Gott lieben und ihm dienen.
Er soll der einzige für mich sein."
Viele Jahr später trafen sich die Brüder wieder.
Viel war inzwischen geschehen. Doch Esau war nicht mehr zornig auf Jakob.
Er war froh, seinen Bruder wieder zu sehen
und fiel ihm voller Freude um den Hals.

Josef

Jakob hatte zwölf Söhne.

Sein liebster Sohn war Josef.

Er wurde immer gut behandelt.

Er bekam immer
das Beste von seinem Vater.

Eines Tages
schenkte Jakob seinem Sohn Josef ein
besonders schönes Kleid.

Das gefiel den Brüdern
von Josef nicht.

Weil Josef immer besser
behandelt wurde als alle anderen,
mochten sie ihren Bruder
nicht besonders gern.

Eines Nachts träumte Josef,
dass sich der Mond,
die Sonne und elf Sterne
vor ihm verneigten.

Als er dies seinen Brüdern
und seinem Vater erzählte,
sagten sie:
„Meinst Du etwa,
wir alle würden uns
vor Dir verneigen?
Meinst Du,
dass Du etwas besseres bist?“

Wenig später
waren die Brüder
draußen auf dem Feld
und hüteten die Schafe.

Als sie ihren Bruder Josef
kommen sahen,
riefen sie:

„Wir müssen Josef loswerden.
Ständig müssen wir uns
über ihn ärgern.
Wir werfen ihn einfach
hier in den Brunnen!“

Da packten die Brüder Josef
und warfen ihn in einen Brunnen.
Josef hatte Angst.
Alleine würde er hier
nicht mehr herauskommen.
Da kamen Kaufleute
aus einem fremden Land vorbei.

Sie wollten in ein anderes Land,
nach Ägypten ziehen.
Das war die Gelegenheit
für die Brüder.
So würden sie Josef loswerden.

Sie zogen Josef aus dem Brunnen
und verkauften Josef
an die Kaufleute.

Ihrem Vater sagten sie,
dass Josef von einem wilden Tier
getötet wurde.

→

Josef
wurde in das Land
Ägypten
gebracht.

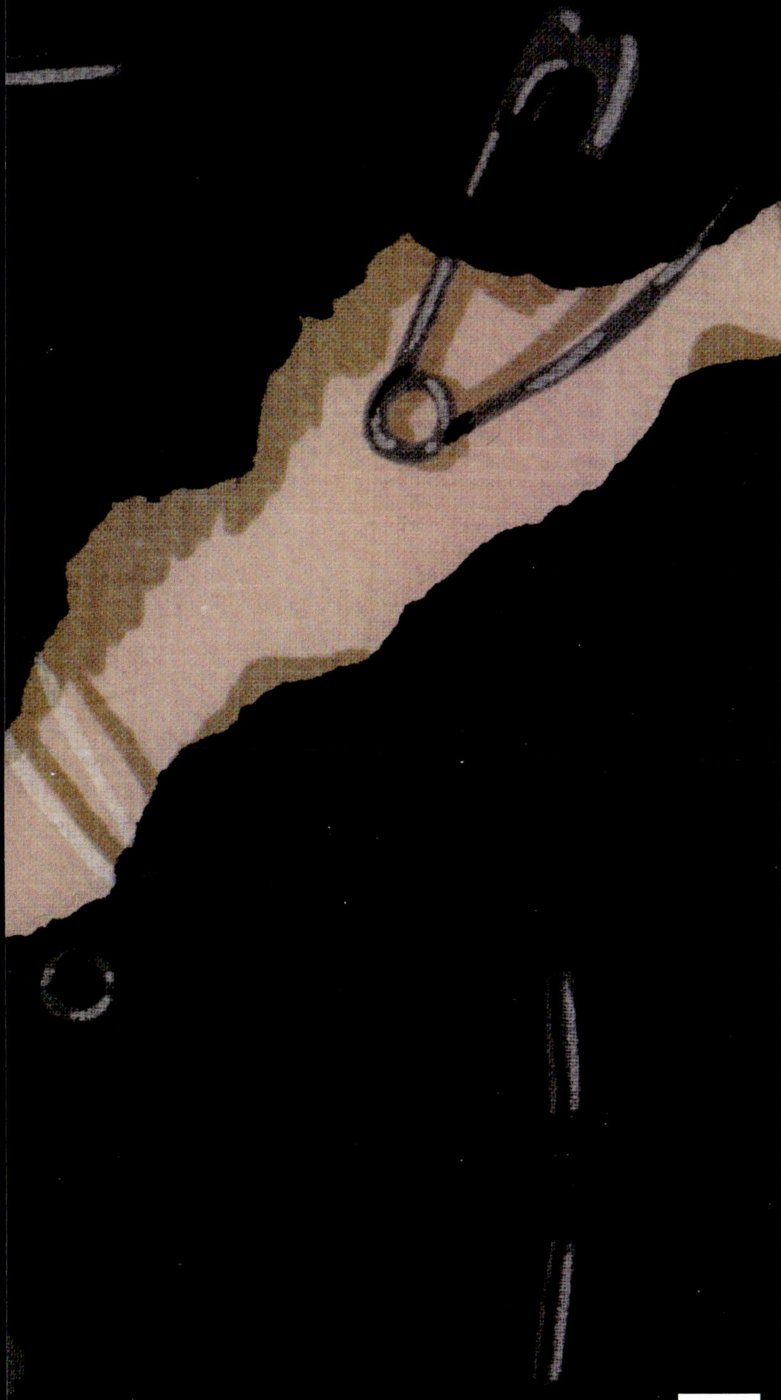

Dort musste er
für den König
schwer arbeiten.
Er war ein Sklave.

Er bekam kein Geld
für seine Arbeit,
nur das Essen
und das Trinken.

Eines Tages
verliebte sich
eine verheiratete Frau in Josef.

Josef wollte mit der Frau
nichts zu tun haben.

Deswegen war die Frau
sehr ärgerlich und rief:
„Josef hat schlimme Dinge
mit mir getan."

Die Menschen glaubten der Frau.

Deswegen
wurde Josef
ins Gefängnis gebracht.
Er war fleißig und ein guter Mann.

Oft half er anderen Leuten.
Und Josef konnte
mit Gotttes Hilfe die Träume
von anderen Menschen
verstehen.

Das schätzten alle Leute
sehr an Josef.

→

Eines Tages
hatte der König von Ägypten
einen Traum.
Aus dem großen Fluss
von Ägypten
kamen zuerst sieben gesunde,
fette und große Kühe.
Danach kamen sieben magere
und hässliche Kühe.
Die mageren Kühe
fraßen die fetten Kühe auf.
Der König spürte,
dass dieser Traum
etwas zu bedeuten hatte.
Deswegen fragte er
die Menschen, was hinter dem
Traum steckte.
Keiner konnte helfen.
Bis einer die Idee hatte,
Josef um Rat zu fragen.

Josef durfte sein Gefängniskleid
ausziehen und bekam
ein neues und schönes Kleid.
Dann wurde er
zum König gebracht.
Der König erzählte Josef
von seinem Traum und fragte
Josef: „Kannst Du mir sagen,
was dieser Traum bedeutet?"
Josef sagte: „ Ich kann es nicht,
aber Gott kann mir helfen,
Dir zu sagen,
was dieser Traum bedeutet."
Josef sagte: „Die sieben fetten Kühe
sind die sieben guten Jahre.
Es wird genug Getreide wachsen,
es wird regnen
und alle Menschen werden
genug zu essen haben.
Danach kommen allerdings
sieben schlechte Jahre.
Es wird nicht regnen.
Das Getreide wird nicht wachsen
und die Menschen
werden hungern müssen."

Josef sagte:
„Du musst in den ersten sieben
Jahren das Korn sammeln
und gut aufbewahren, damit du es den
Menschen in den sieben
schlechten Jahren geben kannst,
damit sie nicht
verhungern müssen."

Der König war sich sicher,
dass er dafür keinen besseren Menschen
finden würde, als Josef.
Deswegen wurde Josef
ein wichtiger Mann in Ägypten.
Er war der wichtigste
Mitarbeiter des Königs.
Er ließ Kammern bauen,
in denen das Getreide gelagert
werden konnte.

Als die sieben
guten Jahre vorbei waren,
durfte Josef den Menschen
das Getreide verkaufen,
damit sie
nicht verhungerten.

Aus ganz unterschiedlichen
Ländern kamen die Menschen nach
Ägypten, um das Getreide
zu kaufen.
So hörten auch die Brüder
von Josef, dass es in Ägypten
noch genug zu essen gab.
Sie nahmen ihre Silberstücke mit,
um das Getreide bezahlen
zu können und machten sich
auf den Weg nach Ägypten.

Als sie dort ankamen,
erkannten sie Josef nicht.

Doch Josef
erkannte seine Brüder sofort.

Josef rief:
„Ich bin es Euer Bruder Josef!“

Die Brüder konnten es nicht glauben.
Aber Josef sagte:
„Ich bin euch nicht mehr böse.
Gott hat alles so gewollt.
Er war immer an meiner Seite.
Nehmt meine Geschenke
mit nach Hause und sagt unserem Vater,
dass ich lebe.
Wenn ihr das nächste Mal kommt,
dann bringt auch ihn mit!“

Da Jakob hörte, dass sein
Sohn Josef noch lebte,
war er überglücklich.

Als er einige Zeit später
Josef in die Arme schließen konnte,
war er so froh, dass er rief:
„Nun kann ich in Frieden sterben,
weil ich weiß, dass Josef lebt
und es ihm gut geht.

Das ist alles, was mein Herz braucht.“

Mose

Ägypten ist ein Land weit weg von uns. Dort wohnten vor vielen Jahren
nicht nur die Ägypter, sondern auch Menschen,
die aus einem anderen Land geflohen waren.
Es waren Menschen aus Israel. Die Israeliten.
Die Israeliten mussten hart für die Menschen in Ägypten arbeiten.
Trotzdem mochten die Ägypter die Menschen aus Israel
nicht besonders gerne. Sogar der König aus Ägypten hatte Angst,
dass die Menschen aus Israel immer mehr werden würden
und vielleicht irgendwann mächtiger wären, als er.
Deswegen wollte er alle kleinen neugeborenen Jungen
umbringen lassen.

Zu dieser Zeit wurde in einer Familie aus Israel ein kleiner Junge geboren.
Die Mutter und die Schwester des Jungen wollten ihn unbedingt
vor den Ägyptern beschützen und versteckten ihn so gut es nur ging.
Als aber der kleine Junge immer größer wurde,
konnte er nicht mehr versteckt werden. Deswegen nahmen sie
ein Körbchen und legten das Baby hinein.
Dann brachten sie das Körbchen mit dem Baby zum großen Fluss.
Seine Mutter und die große Schwester hofften sehr,
dass der kleine Junge irgendwie überleben würde.
Und das Wunder geschah.

Zur gleichen Zeit, als das Baby im Körbchen in den Nil gelegt wurde,
badete die Königstochter in diesem Fluss.
Als sie ein Baby schreien hörte,
machte sie sich auf die Suche.
Sie fand den kleinen Jungen im Körbchen, zog ihn aus dem Wasser
und gab ihm den Namen Mose.
Die Königstochter hatte das Kind sofort lieb. Er wuchs am Königshof auf.

Mose wurde groß und spürte doch immer wieder,
dass er einer von den Israeliten war.
Weil er sich nicht mehr wohl fühlte,
ging er vom Königshof weg und floh über einen langen und steinigen Weg
in ein anderes Land.
Dort fand er eine Frau und heiratete.

Eines Tages hütete er die Schafe seines Schwiegervaters.
Da sah er einen einen brennenden Dornenbusch.
Doch weil er nicht verbrannte, ging Mose näher heran.
Da hörte er eine Stimme. Es war die Stimme Gottes:
„Mose, Mose! Geh zurück nach Ägypten und führe Dein Volk,
die Israeliten, heraus aus Ägypten.
Ich möchte, dass es ihnen endlich wieder gut geht
und sie frei leben können.“

Doch Mose hatte Angst. Aber Gott machte ihm Mut und sagte zu ihm:
„Ich bin bei Dir. Ich werde Dir helfen. Geh zurück nach Ägpyten."

Und so ging Mose zurück nach Ägypten.
Er trat vor den König und sagte: „Lass die Israeliten gehen."

Doch der König wollte sie nicht gehen lassen. Er sagte „Nein!"

Weil aber Gott versprochen hatte, Mose zu helfen,
verwandelte Gott das Wasser im großen Fluss in Blut.
Die Tiere im Wasser starben und alles begann zu stinken.
Trotzdem wollte der König
Mose und sein Volk nicht gehen lassen.

Deswegen schickte Gott eine Plage nach der anderen:
er ließ Frösche über das ganze Land laufen,
Stechmücken fliegen,
Heuschrecken besiedelten das Land
und Gott schickte Hagel.
Aber nichts half.
Der König wollte die Israeliten nicht gehen lassen.

Gott sandte eine große Finsternis über das ganze Land.
Alles war dunkel.
Kein Vogel war mehr zu hören und kein Frosch quakte mehr.
Irgendwann gab der Pharao nach und rief:
„Nun verlasst mein Land."
Die Israeliten aber packten alles zusammen
und flohen so schnell sie konnten, aus dem Land der Ägypter.

→

Mose war der Anführer und führte sein Volk Israel aus dem Land Ägypten.
Gott aber ließ ihn nicht alleine.
Am Tag begleitete Gott die Menschen in einer Wolkensäule,
um ihnen den richtigen Weg zu zeigen

und bei Nacht in einer Feuersäule.
Niemals waren sie alleine.
Gott war immer bei ihnen.

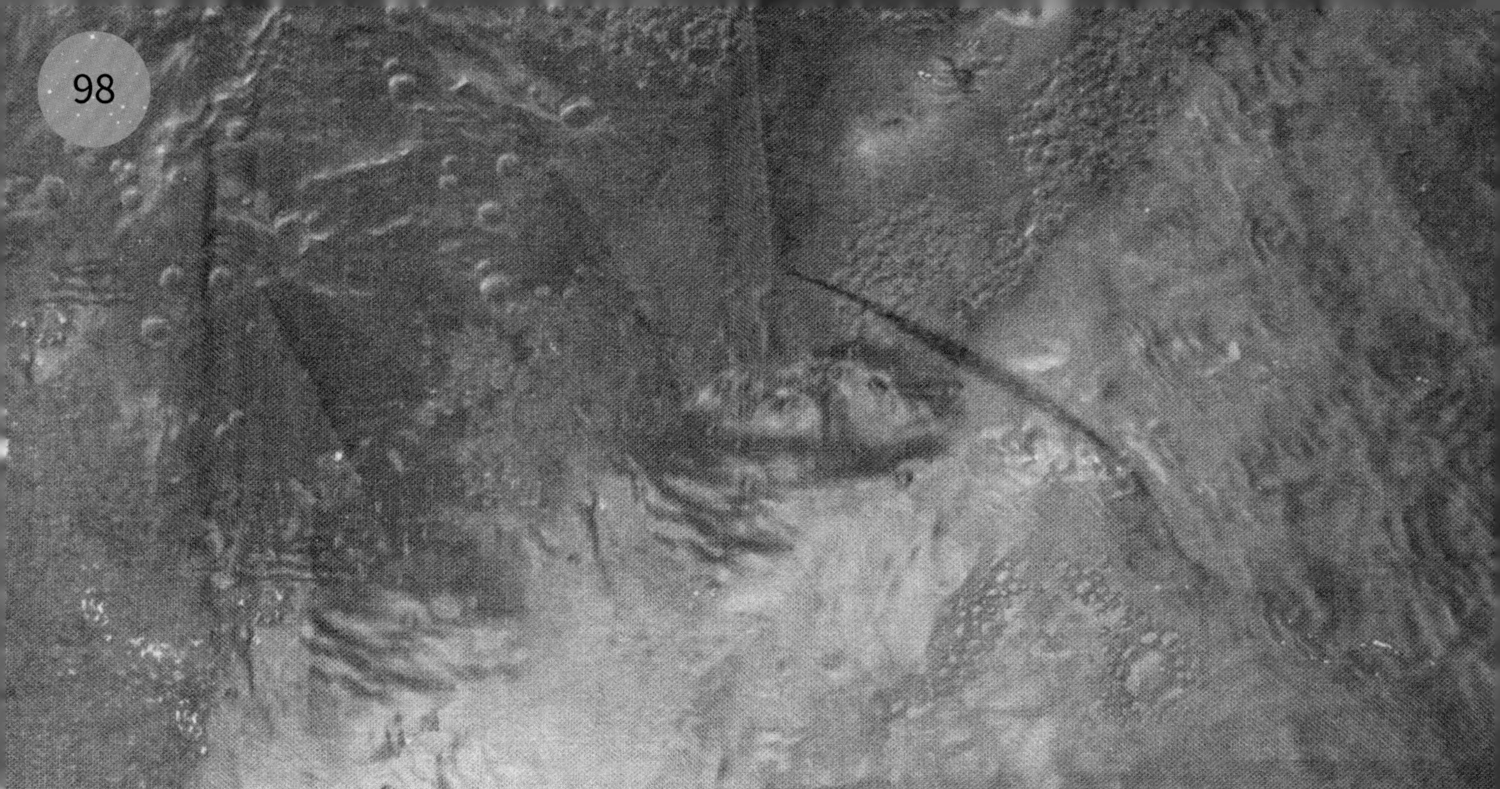

Als das Volk Israel schon einen weiten Weg zurückgelegt hatte
und am Meer angekommen war, hörten sie Krieger und Pferde der Ägypter
hinter sich. Der König hatte den Kriegern den Befehl gegeben,
die Israeliten zurückzuholen. Mose hatte Angst. „Was soll ich nur tun?“,
fragte er sich. Doch Gott ließ ihn auch dieses Mal nicht alleine.
Mose hielt seinen Stab über das Wasser. Da teilte sich das Meer
und das Volk der Israeliten konnte durch das Meer wandern.
Als der letzte am anderen Ufer angekommen war,
schloss sich die Lücke im Wasser wieder
und Mose und sein Volk waren gerettet.

Mose und seine Leute
waren glücklich wie nie zuvor in ihrem Leben.
Sie dankten ihrem Gott.
Sie sangen und tanzten und spielten mir ihren Instrumenten.

Doch Mose und sein Volk hatten noch einen weiten Weg vor sich.
Gott führte sie durch die Wüste. Dort war es heiß.
Es gab nicht genug zu essen und zu trinken. Die Menschen hatten Hunger.
Und sie schimpften mit Mose: „Warum sind wir hier?
Wir müssen hier verhungern und verdursten.
Wären wir doch in Ägypten geblieben."

Gott half Mose und seinem Volk. Er versorgte die Menschen auf ihrem Weg durch die Wüste mit Brot, Fleisch und Wasser. Und es reichte für alle.

Als die Menschen am Berg Sinai ankamen,
stieg Mose auf den Berg und sprach mit Gott.
Und Gott gab den Menschen seine Gebote auf zwei Steintafeln.
So wussten die Menschen, was Gott wichtig war.

→

Die Menschen sollten Gott dienen und ihm gehorchen
und sie sollten gut miteinander umgehen.
Das war ihm wichtig.

Gott sagte zu Mose:

„Ich habe Euch aus lauter Liebe aus Ägypten geführt,
deswegen liebt mich und liebt euch untereinander.“

Jona

Gott sprach zu Jona:
„Geh in die große Stadt
und sag den Leuten,
sie sollen nichts Böses mehr tun."

Aber Jona wollte dies nicht tun.
Er lief weg.

Er lief zum Hafen
und stieg auf ein Schiff.

Das Schiff fuhr weit hinaus aufs Meer.

Plötzlich verdunkelten die Wolken
den Himmel.

Es kam ein Sturm auf
und das Wasser
schwappte ins Schiff.

Immer dunkler
und bedrohlicher sah der Himmel aus.
Blitze erhellten den Himmel
und gleich darauf folgte unheimlicher Donner.
Die Seeleute waren in großer Gefahr.
Sie hatten Angst.
Jona wusste, dass der Sturm wegen ihm aufgezogen war.
Der Sturm war gekommen,
weil er nicht getan hatte,
was Gott von ihm wollte.

Deswegen rief Jona:
„Werft mich ins Wasser,
dann wird das Meer wieder ruhig!“

Da warfen die Seeleute Jona ins Wasser.
Das Meer wurde wieder still
und das Unwetter beruhigte sich.

Jona sank hinab in die Tiefe.

Gott schickte einen großen Fisch.

Er verschlang Jona.

Jona war drei Tage und
drei Nächte im Bauch des Fisches.
Jona betete zu Gott.

Und Gott befahl dem Fisch:
„Spuck Jona aus."

Und der Fisch spuckte Jona auf den Strand.

Da sprach Gott zum zweiten Mal zu Jona:
„Geh in die große Stadt und sage den Menschen dort,
dass sie nichts Böses mehr tun sollen.“

Der Himmel war wieder strahlend blau und Jona lief in die

...große Stadt.
Er sagte den Menschen: „Ihr müsst euch ändern.
Tut nichts Böses mehr. Gott will das nicht.“
Die Menschen in Ninive verstanden Jona.
Sie glaubten ihm.
Sie bereuten das, was sie falsch gemacht hatten,
von ganzem Herzen und wollten nichts Böses mehr tun.

Derzeit erhältliche „Geschichten-Zauber“

Schöpfung

Noah

Turmbau zu Babe

Mose

Josef

Jona

Abraham

Jakob und Esau

... erkundigen Sie sich gerne über das ständig sich erweiternde Angebot unter www.didactus.com

Weitere Titel der Autorin:

Außerdam auch: „Jesus begegnet Menschen auf seinem Weg“ sowie „ Die Oster- und Passionszeit erleben“

Weitere spannende neue Titel finden Sie unter: **www.didactus.com**

Sie haben Interesse an einer Fortbildungsveranstaltung der AutorIn oder würden Sie gerne zu einer Veranstaltung, Lesung,... einladen?

Gerne können Sie direkt Kontakt aufnehmen:

biblisch-kreativ@t-online.de

Neuheiten und weitere interessante Veröffentlichungen finden Sie unter **www.didactus.com**